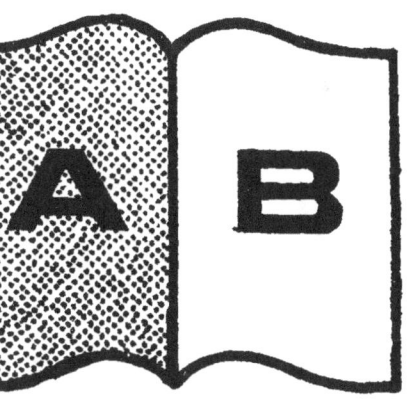

Contraste insuffisant
NF Z 43-120-14

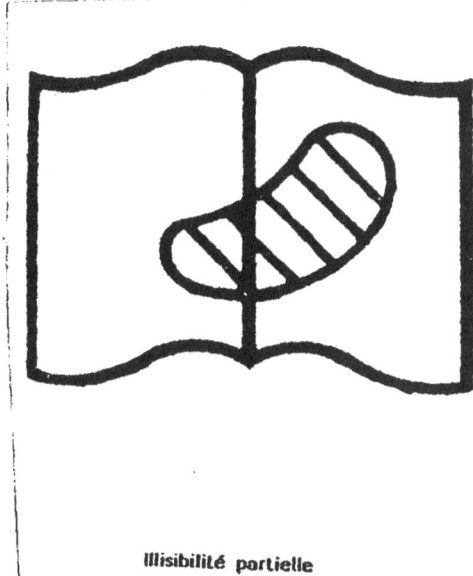

Illisibilité partielle

Valable pour tout ou partie
du document reproduit

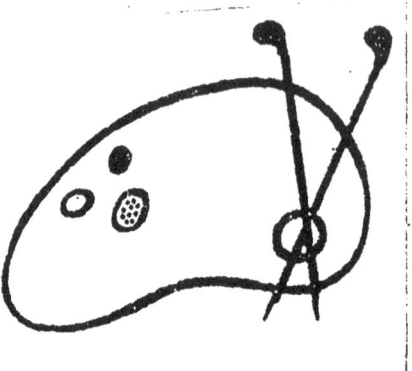

Couvertures supérieure et inférieure en couleur

LES
ENSEIGNES DE LILLE

PAR

L. QUARRÉ-REYBOURBON

OFFICIER D'ACADÉMIE
MEMBRE DE LA COMMISSION HISTORIQUE DU DÉPARTEMENT DU NORD
DE LA SOCIÉTÉ DES SCIENCES, LETTRES ET ARTS DE LILLE
CORRESPONDANT DU COMITÉ DES SOCIÉTÉS
DES BEAUX-ARTS DES DÉPARTEMENTS.

PARIS
TYPOGRAPHIE DE E. PLON, NOURRIT ET Cie
RUE GARANCIÈRE, 8
—
1897

PARIS

TYPOGRAPHIE DE E. PLON, NOURRIT ET Cie

8, RUE GARANCIÈRE

à Monsieur Léopold Delisle, administrateur général de la Bibliothèque nationale, hommage respectueux de l'auteur

L. Quarré-Reybourbon

LES
ENSEIGNES DE LILLE

Ce mémoire a été lu à la réunion des Sociétés des Beaux-Arts des départements, tenue dans l'hémicycle de l'École des Beaux-Arts, à Paris, le 21 avril 1897.

LES
ENSEIGNES DE LILLE

PAR

L. QUARRÉ-REYBOURBON

OFFICIER D'ACADÉMIE
MEMBRE DE LA COMMISSION HISTORIQUE DU DÉPARTEMENT DU NORD
DE LA SOCIÉTÉ DES SCIENCES, LETTRES ET ARTS DE LILLE
CORRESPONDANT DU COMITÉ DES SOCIÉTÉS
DES BEAUX-ARTS DES DÉPARTEMENTS

PARIS
TYPOGRAPHIE DE E. PLON, NOURRIT ET Cie
RUE GARANCIÈRE, 8

1897

LES
ENSEIGNES DE LILLE

Les enseignes contribuaient pour une part notable à donner aux vieilles cités le caractère pittoresque qui les distinguèrent autrefois. Lorsque, dans les rues étroites et tortueuses de Rouen, de Bruges et de Nuremberg, le touriste retrouve, sur les pignons, sur les maisons de bois à étages surplombant, ou à l'entrée des auberges et des cabarets, d'antiques enseignes en pierre, en bois ou en fer, avec leurs représentations naïves et leurs inscriptions simples et parfois malicieuses, il se fait plus facilement une idée de l'aspect qu'offraient jadis nos villes et de l'esprit qui animait nos pères.

Aussi, depuis que l'archéologie a mis en honneur les monuments du passé, l'attention des érudits s'est portée sur les enseignes. On leur a donné une salle à part dans les musées d'Amsterdam, de Paris et de Bruxelles. Dans cette dernière ville, on a ouvert, en 1895, une exposition nationale des enseignes parlantes artistiques, qui ne contenait pas moins de cent quarante et un objets. Plusieurs savants ont fait des recherches à ce sujet. Nous pouvons citer : en 1852, les *Recherches historiques sur les enseignes du vieux Rouen*, par M. de la Quérière; en 1856, une *Notice sur quelques enseignes de la ville d'Amiens*, par M. JANVIER; en 1878, les *Enseignes, inscriptions et emblèmes du vieil Orléans*, par le docteur PATAY; en 1879, l'*Histoire des hôtelleries, auberges et cabarets de Genève*, par Blavignac; enfin, en 1895, l'*Histoire des enseignes de Paris*, ouvrage de quatre cent cinquante-huit pages publié par le bibliophile Jacob, d'après le manuscrit presque complètement achevé qu'avait laissé en mourant Édouard Fournier, le spirituel auteur de l'*Esprit des autres* et du *Vieux Neuf*; et depuis la lecture de mon travail aux Beaux-Arts, M. E. Herbert a publié : *Les anciennes enseignes de Fontainebleau*, 1897.

Aucun travail de cette nature n'a été écrit sur la ville de Lille; car on ne peut pas considérer comme ouvrage les quelques lignes que Derode a publiées dans une note de son *Histoire de Lille*[1]; les indications un peu plus étendues que les précédentes insérées dans le tome Ier : *le Bourgeois de Lille*, par Pierre Legrand[2]; ni les quelques mentions égarées dans les *Rues de Lille*, travail de M. Bertrand. Dans le même ordre d'idées, nous croyons devoir signaler un acte de Philippe IV, du 20 août 1647, autorisant la vente de plusieurs maisons désignées par leurs enseignes[3]. Ayant recueilli un grand nombre de notes sur cette question, ayant pu sauver de la destruction beaucoup d'objets anciens, nous croyons devoir publier une courte notice sur les Enseignes de Lille.

Nous ne parlerons pas des questions relatives à l'utilité et à l'ancienneté des enseignes, ni des lois de police qui les concernaient dans l'ensemble de nos villes : MM. Blavignac et Édouard Fournier ont longuement traité ce sujet. Nous nous contenterons de rappeler qu'à Lille une ordonnance de police, datée du 14 octobre 1712, mandait de détruire, dans les quinze jours qui suivraient, les enseignes saillantes ou pendantes, et aussi les enseignes plates qui ne seraient pas attachées par le bas et auraient plus d'un pied de saille par le haut. Le renouvellement de cette ordonnance, en date du 25 avril 1722 et du 20 mai 1750, prouve que, comme la plupart des mesures concernant l'hygiène et la santé publique, celle-ci ne tarda pas à être considérée comme non avenue.

Notre modeste travail consistera à relever les noms des enseignes que nous avons trouvées. Et, dans ce nombre, nous ne comprendrons que les enseignes parlantes, c'est-à-dire celles qui, par leurs inscriptions, leurs sculptures ou leurs peintures, ont des rapports avec la destination de l'immeuble sur lequel elles étaient attachées, ou avec d'anciens usages et des souvenirs d'histoire

---

[1] T. I, p. 146.
[2] T. I, p. 200 et suiv.
[3] Voir aux Pièces justificatives.

locale. La reproduction photographique d'un certain nombre de
ces enseignes donnera une idée de ce que l'on pourrait appeler
l'art dans la rue à Lille, ou l'art populaire d'après les enseignes.

I

ENSEIGNES QUI N'EXISTENT PLUS

En recueillant nos souvenirs de vieux Lillois, en consultant les
trop rares documents dans lesquels l'on peut trouver des indications à ce sujet, nous constatons que, depuis un demi-siècle, un
grand nombre d'enseignes ont disparu et qu'il en a été de même
au siècle dernier. L'insouciance et le dédain pour tout ce qui
paraissait vieux et naïf, la manie de faire du nouveau, l'amour
de la ligne droite ont fait détruire un grand nombre des sculptures
qui décoraient les murs des maisons lilloises. Beaucoup d'enseignes sont tombées sous le marteau des démolisseurs, ou il n'en
reste, le plus souvent, que l'inscription. Nous avons cru devoir
commencer notre travail par les enseignes qui ont disparu.

Nous avons trouvé un nombre assez considérable de mentions
dans un document de notre collection lilloise qui a pour titre :
*Nomenclature des hôtels, auberges, cabarets et cuisiniers où les
seaux en cas d'incendie étaient déposés selon l'ordonnance du
3 novembre* 1773. Voici les inscriptions que nous y rencontrons :

L'*Académie des brouetteurs*, l'*Académie des sayetteurs*, cabarets qui se trouvaient Grand'Place et rue du Poids, prouvent qu'au
siècle dernier on se permettait, comme aujourd'hui, d'être peu
respectueux à l'égard du corps savant et le plus illustre de la
France. Les mots *à Amsterdam, au Petit Tournai, à Béthune, à
Paris, à Dijon, à Bruxelles, à la Bassée*, et les noms de beaucoup d'autres localités font connaître quelles étaient les villes
avec lesquelles Lille était le plus fréquemment en relation.

La *Cave de la Petite Rose*, la *Cave de sainte Barbe*, la *Cave
de Bois-le-Duc*, et beaucoup d'autres *caves*, dont plusieurs existent
encore, font penser à des estaminets qui étaient non moins enfumés que les tavernes de la Hollande et de l'Angleterre. Des souvenirs historiques étaient rappelés par les cabarets de la *Pucelle
d'Orléans*, du *Comte d'Egmont*, si populaire dans les Pays-Bas,

du *Duc de Boufflers*, le glorieux défenseur de la ville de Lille, et d'un certain nombre d'autres personnages. La *Maison blanche* est peut-être le lieu de réunion qui a inspiré à Nadaud la touchante élégie qui a pour refrain :

> Nous irons dimanche
> A la *Maison blanche*.

L'enseigne en pierre de la *Plate Bourse*, qui vient d'être détruite il y a quelques mois, deux heures avant le moment où nous nous sommes présenté pour en faire l'acquisition, rappelle celle qu'à Douai on désigne sous le nom du *Dernier Sou*. Le *Puits doré* indique que l'on a cherché jadis à décorer le puits du quartier peu élégant connu sous le nom de *Placette aux Oignons*, et le *Puits sans vin* offre l'un de ces jeux de mots que l'on aimait beaucoup dans le bon vieux temps. Les noms et les images de saints tracés sur un grand nombre d'estaminets proviennent en partie des associations religieuses et profanes qui y tenaient leurs réunions; tels sont saint Crépin pour les cordonniers, saint Honoré pour les boulangers, saint Michel pour les escrimiers, saint Hubert pour les chasseurs, sainte Dorothée pour les amateurs de fleurs, etc.

Nous pourrions citer un grand nombre d'autres enseignes de cabarets qui n'existent plus. Nous nous contenterons d'en signaler une seule, d'après les souvenirs populaires, c'est celle du sergent de Poitou, dont l'inscription existe encore rue de Roubaix. L'enseigne parlante, qui a disparu, représentait un sergent du régiment de Poitou en grande tenue, ayant à la main son épée qu'il plongeait dans un énorme jambon. Ce régiment passait pour aimer la bonne chère; le cabaretier avait sans doute spéculé sur l'effet que produirait la peinture.

Les imprimeurs avaient aussi leurs enseignes. Non contents de la publicité que leur donnaient les livres sortant de leurs presses, ils demandèrent au magistrat de la ville l'autorisation de placer une enseigne au-dessus de la porte d'entrée de leurs ateliers. Comme la plupart des livres qu'ils imprimaient étaient des ouvrages de théologie ou de piété, leurs enseignes avaient, en général, un caractère religieux. Christophe Beys, le gendre de Plantin, avait pour enseigne l'*Image de saint Luc;* Pierre Derache, la *Bible d'or;* Ignace Derache, la *Bible royale,* qui devint plus tard l'enseigne des Danel; Jean-Baptiste Moitemont, la *Bible d'or couronnée;* Toussaint Leclercq, qui imprimait pour les Jésuites, à *Saint Ignace,* et divers autres : le *Bon Pasteur,* le *Nom de Jésus,* la *Conversion de saint Augustin.* On trouve, en outre, comme enseignes d'imprimeurs, le *Lis blanc,* allusion aux armes de Lille, le *Compas,* le *Cadran solaire* et le *Bras d'or,* qui rappelaient la régularité avec laquelle doit être imprimé un livre. Toutes ces enseignes ont disparu, excepté le *Bras d'or,* qui se voit encore chez un marchand de comestibles à l'entrée de la rue de la Grande-Chaussée.

II

ENSEIGNES QUI EXISTENT ENCORE

Malgré les nombreuses et regrettables destructions dont nous venons de parler, il existe encore aujourd'hui plus de trois cents enseignes, dont beaucoup peuvent être rangées dans la catégorie des enseignes parlantes. Un grand nombre se voient sur les murs des maisons de la ville; plusieurs ont été recueillies dans les collections publiques et privées.

Voici, par ordre alphabétique, celles que nous avons trouvées, servant encore au même usage qu'autrefois, dans nos promenades à travers la ville.

Un *ange,* sculpté en pierre, au-dessus de la porte d'entrée de la brasserie Delemer, rue du Grand-Magasin, n° 2, protège cette maison depuis le dix-septième siècle. Un autre *ange,* en bois bien sculpté et doré, sert d'enseigne à un estaminet bien connu de la Grand'Place. L'*As de pique,* tableau sur lequel est peinte la carte à jouer de ce nom, convient parfaitement, grâce à un jeu de mots, au magasin de coutellerie au-dessus duquel il s'élève, rue Saint-Nicolas. Une *Barque d'or,* pleine d'objets divers, finement sculptée au-dessus de la porte d'entrée d'un magasin de mercerie, rue des Manneliers, rappelle le temps où la plupart des marchandises arrivaient par voie d'eau. Le *Barbier Maes* est trop populaire à Lille pour que son nom n'ait pas été rappelé dans la rue qui lui est dédiée; la scène qui le représente se servant d'un éclat d'obus pour plat à barbe, est une toile peinte d'après le tableau de Louis Watteau.

Nous ne disons rien de quatorze enseignes différentes représentant des *bottes*, dont les disciples de saint Crépin ont orné leurs magasins et échoppes; mais nous mentionnerons, au quai du Wault (W. a. u. l. t.), une brasserie sur laquelle a été sculpté, au dix-septième siècle, un cartouche en pierre entouré des attributs du brasseur (la pelle, la fourche), sur lequel on lit : *Brasserie du Havt*. Cette inscription a fait donner à ce quai le nom de Haut, au lieu de Wault qu'il portait à l'origine et qu'on vient de lui rendre.

Le tableau représentant le *Chansonnier populaire*, homme du peuple chantant, debout sur une table, devant des personnes assises dans le jardin d'un cabaret, qui sert d'enseigne à un estaminet rue des Dondaines, 64, a été certainement inspiré par le souvenir du célèbre Decottignies, connu sous le nom de *Brûle-maison*. Un *chat* blanc, sur lequel est peinte une barre noire, signifie, dans le patois de Lille, un cabaret; on le voit encore aujourd'hui peint sur bois, à l'estaminet tenu par Boivin, quai de la Basse-Deule, n° 10.

Le *Chat botté*, grande enseigne en fer polychromé, qui se trouvait autrefois Marché aux poissons, supprimé pour le percement de la rue Faidherbe, a été transféré rue Nationale, 54, où, comme jadis, il sert à un marchand de chaussures.

Le *Vieux Château*, situé rue du Gard et représentant un antique fort sur une enseigne en bois, rappelle que le château des comtes de Flandre se trouvait près de cet endroit. Un peintre du nom de Rombaut a signé cette enseigne. Quant à la belle et grande enseigne en pierre du *Château de Namur*, elle a été placée rue du Vieux-Marché aux moutons, au commencement du dix-huitième siècle, pour rappeler que le maréchal de Boufflers, gouverneur de Lille, avait dirigé les opérations qui aboutirent à la prise de ce château.

Nous passons sous silence plusieurs auberges, cabarets et magasins ayant pour enseignes : *au Cheval, au Chien, aux Ciseaux, à la Clef, à la Cloche*, pour arriver *aux Quatre Cœurs*, qui ne pouvaient être figurés autrement que par quatre représentations d'un cœur, et *au Coq*, qui, sous les noms de *hardi*, de *chanteur, gaulois*, etc., rappelle que nous nous trouvons dans une ville et une contrée où le cruel usage des combats de coqs n'a pas encore pu être aboli, malgré les ordonnances des préfets. A l'ancien cabaret de la *Coupe d'or*, rue du Vieux-Marché aux poulets, n° 14, on trouve encore une coupe en pierre portée par deux enfants, qui révèle un bon travail du dix-huitième siècle, malgré les couches de badigeon dont on l'a couverte.

Plusieurs estaminets portant un *Damier* pour enseigne et pour titre montrent que, dans les siècles derniers, on avait le goût du tranquille jeu de dames : à l'entrée de la cave du *Damier*, Grand'Place, se trouve une enseigne peinte avec assez de soin, sur laquelle est représenté un cuisinier tout vêtu de blanc qui montre un damier; à son côté, on voit un lapin qui croque un chou et qui devait, par conséquent, sentir encore le chou qui l'avait nourri [1].

Le nom de *Déesse*, que le peuple a donné à la statue de la ville de Lille, élevée sur la colonne de la Grand'Place, a été rappelé sur deux enseignes, dont l'une marque la lettre A, la note *la* et le mot *Déesse*.

Deux enseignes, dont l'une a pour inscription *les Deux Entêtés* et représente une femme qui tient un bâton levé pour faire avancer un âne qui recule, et l'autre *à la Bonne Femme*, où se trouve une femme sans tête, appartiennent à la catégorie des scènes, assez nombreuses, dans lesquelles la satire s'est exercée sur la plus belle moitié du genre humain. Dans le même esprit, nous avons connu le *Marchand de malices*, qui représentait un homme portant une hotte dans laquelle se trouvaient un chat, un singe et une femme. Il nous a été impossible de savoir ce qu'est devenue cette enseigne.

Un personnage fabuleux, le *Roi Gambrinus*, à qui l'on attribue l'invention de la bière, est représenté rue Gambetta, 144, à cheval sur un tonneau, et rue Gantois, 83, un verre de bière à la main.

Jean Bart jouit d'une trop grande renommée pour être oublié à Lille. Il est représenté en grande tenue, le sabre à la main,

---

[1] Cette enseigne est attribuée à Arsène Hurtel, peintre d'histoire, né à Lille le 25 juin 1817, mort dans la même ville le 1ᵉʳ décembre 1861, auteur de nombreux tableaux dont le *Bivouac des canonniers* et celui de la *Garde nationale*, exécutés en 1849. *Souvenirs lillois*.

comme sur la magnifique statue de bronze que lui a consacrée, à Dunkerque, David d'Angers.

Le souvenir de *Vauban* a été rappelé rue d'Armentières, près de la citadelle, qui était considérée comme le chef-d'œuvre de l'illustre ingénieur.

Le commerce de l'huile de colza était trop considérable à Lille pour que les moulins n'y servissent point d'enseignes; on n'en voit pas moins de quatorze, doré, bleu, rouge, vert, etc., dont quelques-uns bien sculptés.

De même, plusieurs enseignes représentent des *moutons* en bois sculpté, rappelant le commerce de laine qui se faisait à Lille. Quant au *Mouton blanc*, c'est un cabaret bien achalandé à cause du voisinage de la mairie, établi dans le théâtre qui remplaça celui du palais Rihour, détruit dans l'incendie du 17 au 18 novembre 1700, à la suite de la représentation de *Médée*.

Le *Phénix de la chaussure* nous a paru bien prétentieux et bien moderne pour un magasin de la rue de Juliers.

Le Pont-Rouge est un hameau de Frelinghien, auquel on se rend de Lille par la porte Saint-André. Près de cette porte se voit un cabaret avec une enseigne en bois finement sculptée représentant un cavalier près d'un pont-levis, avec la date 1749 et l'inscription : *Au Pon Rouge*.

Le magasin d'orfèvrerie de M. Béhague a pour enseigne : *A la Providence*, et une toile représentant Dieu le Père tenant la boule du monde.

Les *Quatre fils Aymond*, souvenir des anciens romans de chevalerie, que l'on trouvait dans toutes les vieilles villes, sont représentés sur un bas-relief en pierre qui montre quatre cavaliers montés sur le même cheval. Cette enseigne, exécutée avec soin, est remarquable par sa naïveté; elle se trouve rue de la Barre, 55. Il y en a une autre, peinte sur bois et peu artistique, qui représente le même sujet, rue d'Esquermes, 69.

La *Redingote grise*, souvenir napoléonien, que l'on voyait rue des Sept-Agaches, 7, vient de disparaître il y a quelques mois.

Parmi les enseignes qui portent des noms de saints, nous ne mentionnerons que *Saint Antoine et son cochon* pour une boucherie, *Saint Arnoud*, rue la Vignette, dont la statue en pierre est une œuvre véritablement artistique, et *Saint Hubert*, dans la rue de ce nom, enseigne finement sculptée du dix-huitième siècle, servant à un estaminet.

La *Saline*, rue de Paris, offre une statuette qui représente un bourgeois du dix-huitième siècle, en costume élégant, qui tient un écusson sur lequel il est écrit : *A la Saline* 1760. C'est une œuvre d'une remarquable exécution.

Le *Soleil*, grande enseigne en cuivre doré au milieu du fronton qui surmonte la maison située Grand'Place, 64, vis-à-vis du corps de garde, a successivement brillé au dix-huitième siècle sur un vaste bazar, et au dix-neuvième sur un magasin de bijouterie et de librairie. Il ne nous est pas permis de la passer sous silence [1].

La *Tour Saint-Pierre* rappelle les tours de la porte Saint-Pierre, qui s'élevaient à l'endroit où se trouvent aujourd'hui les archives départementales. Cette enseigne représente dans une niche une tour moyen âge et la statue de Notre-Dame de la Treille avec les deux vers :

> Soyez, Vierge et Mère de Dieu,
> La sauvegarde de ce lieu.

III

ENSEIGNES CONSERVÉES AU MUSÉE ET CHEZ DES AMATEURS

Outre les enseignes qui servent encore aujourd'hui à leur usage ancien, il y en a un certain nombre qui, ayant été déplacées, ont été installées dans les collections de la ville et de quelques particuliers.

Le musée en conserve trois qui sont en pierre de Lezennes. La première, qui se trouvait autrefois rue du Sec-Arembault (Segar Rembaud), a pour titre : *Au Chedeuvre* (chef-d'œuvre) *de Paris*. Elle représente trois hommes traînant un chariot sur lequel se trouve un tonneau surmonté d'une couronne de vigne et poussé par une quatrième personne; il rappelle sans doute le *Petit Bleu* de l'époque, non venant des quais de Bercy et des grands magasins de Paris. La seconde, qui se trouvait autrefois Cour des Bourloires, rue de Paris, représente des Lillois du siècle dernier buvant

---

[1] Nous avons publié l'histoire de cette maison en 1885, sous le titre : *Chronique d'une maison lilloise racontée par ses parchemins*, in-8°, figures.

de la bière et jouant à la boule. Elle rappelle le temps où les bourgeois de Lille allaient le dimanche et les jours de fête, et parfois plus souvent, faire, dans l'après-midi, ce que l'on appelait une partie de boules et boire le verre de bière que l'on désignait sous le nom de coup de quatre heures. La troisième de ces enseignes qui se trouvent au musée a pour inscription : *Au Blanc Cheval*, place des Reignaeux ; elle est très ancienne.

Un amateur d'antiquités et de curiosités, M. de Meuninck, a pu sauver de la destruction, en 1870, une des plus curieuses enseignes de Lille, les *Chats bossus*, qui se trouvait au n° 2 de la rue à laquelle elle a donné le nom. Elle représentait un chat, une chatte avec trois jeunes portant sur l'échine l'appendice qui leur avait fait donner ce nom, et, au-dessous, les mots : *Aux Chats bossus*. Nous nous rappelons que, quand nous étions enfant, on nous conduisait voir cette enseigne comme une curiosité, et qu'il y avait souvent, vis-à-vis, des troupes d'enfants qui criaient : *Aux cats bochus ! Aux cats bochus !*

Un autre amateur, l'historien de Lille M. Van Hende, possède l'enseigne de l'auberge de *Thielt*, dont il a donné la description suivante :

Dans l'angle supérieur d'une tablette en chêne de soixante centimètres de côté, posée en losange, avec une bordure en relief de cinq centimètres, décorée de huit feuilles de chêne de chaque côté,

Un écu sculpté porte la double aigle de Charles-Quint ; il est timbré de la couronne impériale et entouré du collier de la Toison d'or, entre les deux colonnes d'Hercule et la devise : *Plus || oultre*.

Au-dessous, à la hauteur des angles latéraux du losange, deux écus d'égale grandeur aux différentes armes de la ville de Thielt.

Le premier porte : *de gueules à croix d'or et une croisette de même à chacun des quatre cantons*.

Le deuxième : *de sable en triangle d'or cantonné de trois clefs d'or*.

Sous l'agneau de la Toison d'or et au sommet des trois angles restés libres, quatre briquets de Bourgogne or, avec flamme, et, sur une banderole de sable, à la bordure d'or, reliant les deux écus : *Thielt*, en caractères dorés.

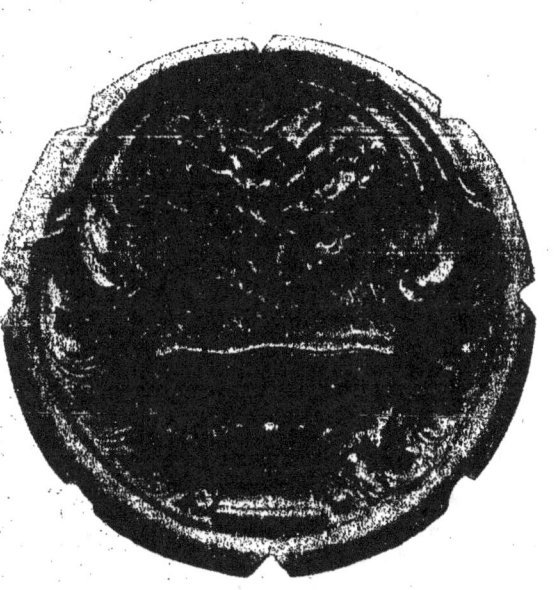

AU PANIER FLEURI
ENSEIGNE D'ESTAMINET
En chêne sculpté.

IV

NOTRE COLLECTION

Telles étaient les cinq enseignes parlantes que l'on avait recueillies dans le musée et chez les amateurs de Lille, lorsque, en formant nos collections lilloises, l'idée nous vint d'ouvrir une série spéciale pour les enseignes. Depuis un certain nombre d'années, notre attention s'est portée de ce côté, et aujourd'hui nous possédons près de soixante enseignes parlantes, dont seize en bois avec sujets sculptés, douze en bois avec statuettes, huit en bois couvert de peinture, huit en fer, deux en pierre, sept en terre cuite, quatre peintes sur toile, une sur velours et une sur porte-montre.

Voici la description sommaire de toutes ces enseignes : les photographies et les tables qui accompagnent notre travail nous permettent de ne pas en parler longuement.

Enseignes en bois avec sujets sculptés.

L'*Aigle d'or* est une banderole en bois portant en relief, en lettres dorées sur fond noir, les mots : *A l'Aigle d'or,* qui était autrefois surmontée de l'aigle impériale d'Autriche. Les rapports de la Flandre française avec les Pays-Bas autrichiens étaient trop fréquents pour que l'on s'étonne d'y trouver cette enseigne.

Au-dessous de l'enseigne d'un cabaret de la rue du Bois Saint-Sauveur, se trouvait une planche sur laquelle étaient clouées des sculptures représentant *Bacchus* tenant un verre et une bouteille; au-dessus et au-dessous, des grappes de raisin et des pampres. Sujet banal; exécution médiocre.

Sous l'enseigne *A Beaujolais,* qui rappelait sans doute le vin de cette province, était aussi représenté un Bacchus à cheval sur un tonneau dont la sculpture, à claire-voie, était moins mauvaise que la précédente enseigne.

Trois têtes, l'une de femme et les deux autres de satyres, entourées de branches de vigne analogues à celles des deux enseignes précédentes, servaient, on ne sait pourquoi, à un cabaret du *Soleil*

— 16 —

d'or, qui a été détruit lors de la formation de la rue Faidherbe et transféré rue Jean Roisin sous le même titre.

Parmi les enseignes qui représentent des animaux, nous signalerons le *Canard*, la *Poule blanche*, l'*Épagneul*, qui ne manque pas d'originalité, le *Lion d'or*, ancienne enseigne de la Poste aux chevaux, exploitée par la famille Mahy, qui a donné le nom à la place du Lion d'or, et enfin le *Dragon*, enseigne sculptée avec soin qui se voyait sur la façade en bois de la maison formant le coin de la rue du Dragon et de celle des Augustins. Ce dragon porte la date de 1667. La maison est mentionnée dans un titre de 1434 et dans l'*Histoire de Lille*, de Derode [1].

Le *Galion*, curieuse représentation d'un navire espagnol, faisait allusion à ces navires qui rapportaient d'au delà des mers l'or et les denrées précieuses. Après avoir, sans doute, servi à un riche magasin d'épicerie, il se trouvait au-dessus d'un cabaret renommé pour sa bonne bière.

Une enseigne de la place du Théâtre se fait remarquer par son bon goût et la délicatesse de sa sculpture, c'était le *Panier fleuri*, médaillon style Louis XV [2].

Il y avait au coin de la cour du Beau bouquet et de la rue du Beau bouquet, Gros-Gérard, un cabaret dont l'enseigne offrait deux tentes avec un garde française montant la garde, et le titre *Quartier royal*. L'occupeur de cette maison y ayant fait fortune, en se retirant des affaires fit mettre sur l'enseigne : *Quartier royal. Souvenir de famille*. Après son décès, le tout fut vendu, et, aujourd'hui, cette petite sculpture, qui a de la valeur, se voit dans notre collection.

Un marchand de tabac qui habitait au coin de la rue des Douze-Apôtres et du Marché au fil de lin, s'avisa de prendre pour double enseigne deux bas-reliefs représentant la *Résurrection*, qui provenaient sans doute d'une église ou d'un édifice religieux. Ils y ont figuré jusqu'à la suppression de la rue.

On comprend mieux que l'on se soit servi, pour deux enseignes différentes, de *Notre-Dame de Lorette*, sculpture représentant l'édicule de la *Santa Casa*, et, au-dessus, la sainte Vierge portant l'Enfant Jésus. Deux petites nacelles qui se trouvent au pied

---

[1] T. I, p. 54 et 99.
[2] Voir la planche ci-dessus.

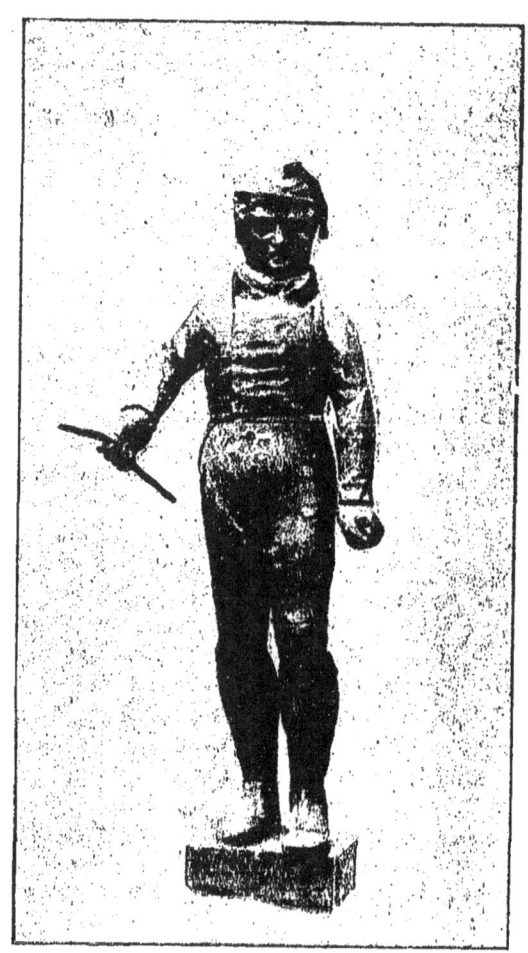

AU ROULIER

ENSEIGNE D'UN MARCHAND D'ÉTOFFES

Bois sculpté.

indiquent que la sainte maison a passé au-dessus de la mer. C'est naïf et assez bien sculpté.

Un atelier de serrurerie adossé à la prison Saint-Pierre avait pour enseigne un fronton en bois sculpté, présentant au milieu une serrure ancien modèle et deux clefs encadrées dans des ornements également sculptés, travail qui accuse le dix-septième siècle, et qui est loin d'être sans mérite.

Nous nous permettons de signaler le tableau d'une confrérie d'escrimiers, dont le siège était à Wazemmes. Ce tableau sur bois représente saint Michel sculpté, foulant aux pieds le dragon ; il se dispose à transpercer le monstre de son épée qu'il tient de la droite, ayant à la main gauche un bouclier sur lequel se trouvent deux épées croisées surmontées d'une couronne, armes des confrères de Saint-Michel, travail exécuté avec vigueur et qui accuse le dix-septième siècle.

Les escrimiers faisaient partie des quatre serments.

Enseignes en bois avec statuettes et bustes.

Édouard Fournier rappelle que le célèbre peintre de Valenciennes, Abel de Pujol, ne dédaigna pas de peindre des enseignes, et qu'il fut l'auteur de la *Fille mal gardée*. M. de la Quérière, dans son *Histoire des enseignes de Rouen* (p. 25), dit qu'en 1804, dans cette ville, un marchand de cotonnades attira la foule dans son magasin par l'enseigne de la *Fille mal gardée*. Est-ce aussi pour attirer les chalands qu'à l'entrée d'un magasin d'étoffes situé Grand'Place et rue des Sept-Agaches, on a placé la statuette de la *Fille mal gardée*, qui porte le costume des jeunes filles de la Flandre au commencement de ce siècle et tient en ses bras un petit enfant au maillot? Celle de Lille serait-elle une copie de celles de Rouen et de Paris, ou en aurait-elle donné l'idée? Le travail de cette statuette n'est pas sans mérite; elle a figuré à l'Exposition de 1889.

Le *Roulier*. Cette enseigne est un bon travail de sculpture[1]. Placé à l'entrée d'un magasin de toiles et sarraux, il représente un de ces rouliers qui allaient au loin chercher les marchandises;

---

[1] Voir la planche.

serré dans les vêtements bleus, coiffé d'un bonnet de même couleur, il représente bien l'aspect d'un homme énergique, capable de supporter toutes les fatigues.

Le *Bon Fumeur* a un costume fantaisiste de soldat; sa figure exprime la jouissance que lui fait éprouver une bonne pipe [1]. Cette enseigne a un intérêt tout particulier; elle figurait au débit de tabac qu'occupait le père du général Faidherbe, et, comme l'indique la plaque commémorative qui vient d'y être placée, c'est là qu'est né l'illustre général.

Plusieurs cabarets et plusieurs confréries établis en divers estaminets avaient des statuettes, soit à l'extérieur, soit à l'intérieur, qui servaient d'enseignes.

L'un des cabarets les plus fréquentés de Lille était le *Grand Saint Antoine,* dans la rue Saint-Sauveur. Le saint, qui est en demi-relief et doré sur un fond rouge, est représenté tenant un livre de la main gauche, et relevant sa robe de la main droite; son compagnon ordinaire se trouve à ses pieds. Un horloger de la rue Notre-Dame (aujourd'hui rue Gambetta) a fait un singulier assemblage dans son enseigne, qui montre saint Antoine à droite, une renommée au centre, et à gauche un enfant conduisant un âne mû par un mouvement d'horlogerie, le tout provenant d'enseignes et d'époques différentes.

Une Société de secours aux malades, qui avait son siège à l'estaminet du *Saint-Clément,* honorait comme patron *saint Charles Borromée* représenté en costume de cardinal avec sa croix d'archevêque à double traverse.

Saint Éloi (en costume d'évêque) ornait l'atelier d'un ferblantier de la rue d'Angleterre.

Saint Homobon, patron des tailleurs, avait sa chapelle dans l'église Saint-Maurice et son siège profane dans l'estaminet du *Cat barré,* dont nous avons parlé. Dans l'estaminet se trouvait la statue du saint, qui était représenté donnant du pain à un estropié. Le socle de la statue est remarquable par ses sculptures. Travail du dix-huitième siècle.

Un cabaret de la rue de l'Abbaye de Loos (aujourd'hui rue Jean-Jacques Rousseau) avait pour enseigne intérieure un *Saint*

---

[1] Voir, ci-après, la planche.

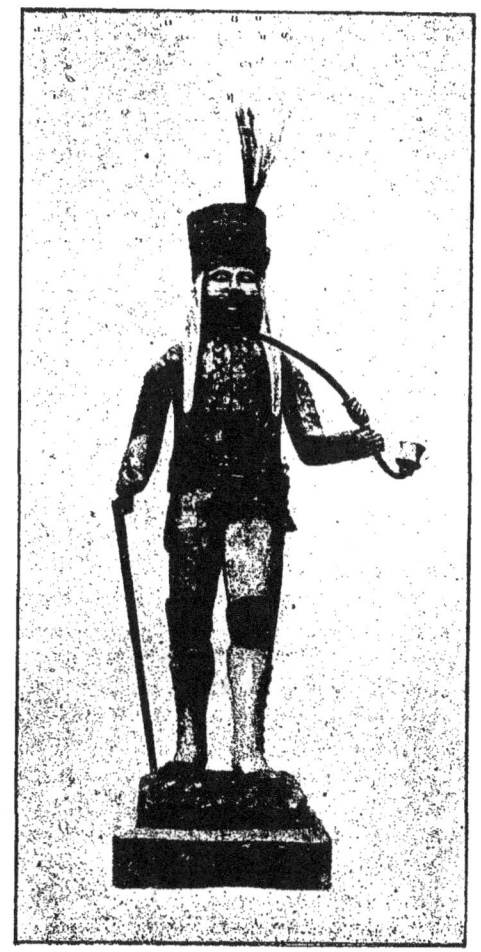

AU BON FUMEUR

ENSEIGNE D'UN MARCHAND DE TABAC
PÈRE DU GÉNÉRAL FAIDHERBE

Bois sculpté.

Martin coupant son manteau pour en donner la moitié au pauvre. Le saint, qui est à cheval, porte un habit bleu à pan retroussé comme les gardes françaises; son petit chapeau est surmonté de plumes blanches, et il est chaussé de bottes à l'écuyère. On lit au bas : *S. Martin P. P. N.*

Avant la suppression de la cour Cerisiers dans la rue des Robleds, qui servait de dépôt aux tombereaux qui enlevaient les ordures, il y avait un *Saint Roch*, qui est représenté en pied avec l'ange pansant une plaie et le chien tenant un morceau de pain dans la gueule.

Un autre *Saint Roch*, représenté de même, se trouvait encore à l'église Saint-Maurice lorsque cette église devint le temple de la Raison. Sauvée par une famille lilloise, cette statuette devint l'enseigne de Minet, le fripier de la rue des Morts, bien connu à Lille.

L'estaminet de la *Garenne*, dans la rue du Priez, servait de réunion à une Société de filetiers qui avait pour patron *saint Thibau*, dont le buste, posé sur un piédestal surmonté d'une boule plate, présente du caractère.

Enseignes peintes sur bois.

Le *Cheval rouge*, qui a servi d'enseigne à une auberge de la rue du Priez, est la meilleure de ces nombreuses enseignes représentant des chevaux, des chopes et divers sujets qui se trouvent à Lille. Le cheval est représenté en liberté, dans la campagne [1].

Le *Vieux Mortier*, cabaret détruit lors de l'annexion de Wazemmes à Lille, est un type des anciennes enseignes lilloises. Il représente un canonnier lillois près d'un mortier. On y lit : *Estaminet du Vieux Mortier, tenu par C⁰ Vercoutere, loge à pied. Fabrique de brosses en tous genres.* Cette enseigne n'a aucune valeur artistique.

Notre-Dame de la Treille était trop vénérée à Lille pour que le souvenir n'y fût rappelé. Un magasin de mercerie de la rue de la Barre, occupé par Mlle Benvignat, avait pour titre et pour enseigne : *A la Vierge à la Treille*, avec la représentation de cette Vierge assise dans le treillis traditionnel.

Lors de l'ouverture de la rue Nationale, un Flamand ouvrit un

---

[1] Voir, ci-après, la planche.

cabaret au n° 133, ayant pour enseigne : *Aux trois mousquitairs* (*sic*). L'artiste H. Busmann était également Flamand, ce qui explique le mot *mousquitairs* au lieu de *mousquetaires*. Ce tableau peint sur bois représente un mousquetaire en grande tenue. Au second plan deux autres mousquetaires se battent à l'épée, derrière une barrière.

L'empereur Napoléon ne pouvait être oublié. Un cabaret de la rue de Ban de Wedde avait pris pour enseigne : *Au Grand Homme*. Le tableau, dont le sommet est en demi-cercle, représente Napoléon Ier à pied, la main gauche dans le gilet, appuyé sur un pan de mur en ruine; dans le fond, un château. Cette peinture, qui n'est pas mauvaise, est signée P. Giffaert [1].

Jusqu'en 1871, il a existé, rue de Paris, un estaminet tenu par M. Decobecque, ayant pour enseigne : *Au Pavillon chinois*.

Cette enseigne est en bois sculpté polychromé, en forme de portique, avec fronton triangulaire soutenu de chaque côté par deux colonnes fantaisistes surmontées d'un entablement, sur lequel on lit d'un côté : *Vin*, et, de l'autre; *Café*. Entre les colonnes, de chaque côté, se trouvent onze cases superposées contenant chacune un nom de vin ou de liqueur; au-dessous se trouve un piédestal formant plinthe.

Le milieu est occupé par une peinture représentant un pavillon chinois avec personnage et animaux de ce pays; on lit au-dessus du demi-cercle qui surmonte ce sujet : *Au Pavillon chinois*. Dans le fronton se trouvent peints des sujets chinois.

Derrière le tableau, on lit : « Peint par Bury père, en 1831, et repeint par lui en 1861. »

Nous croyons devoir décrire ici deux tableaux de corporation :

L'un, qui est en forme de losange, est consacré à *sainte Anne*, la patronne des menuisiers. Au milieu est représentée sainte Anne, qui apprend à lire à la sainte Vierge. En haut est peint l'écu de France, à gauche celui de Lille, en bas la date de 1737 et, à droite, le nom d'Adrien Gamez, qui était sans doute le président de la corporation en 1737; des outils de menuisier sont

---

[1] Ce tableau aurait été descendu de la façade du cabaret en 1832, et l'établissement prit pour enseigne : *A la Marmite*, où logèrent les saltimbanques, montreurs d'ours, etc. Aujourd'hui la maison porte le titre : *Au Repos des voyageurs, anciennement la Marmite*. Brunet-Bertin.

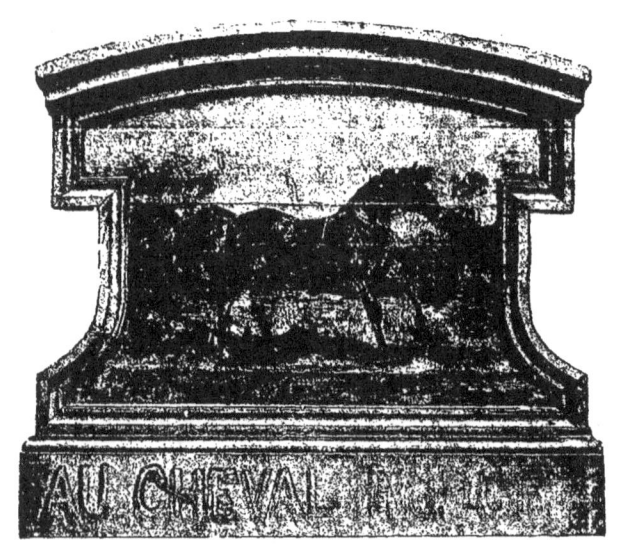

AU CHEVAL ROUGE

ENSEIGNE D'UNE AUBERGE

Peinte sur bois

peints entre ces divers motifs. Cette peinture n'a rien de remarquable sous le rapport de l'art, mais elle est intéressante.

Un autre tableau de corporation représente *saint Nicolas*, patron des filetiers, qui célébraient leur fête à la Saint-Nicolas d'été. Le saint est représenté en costume épiscopal. De la main gauche il porte la crosse, et, de la main droite, une sorte de râteau servant à peigner le fil; à ses pieds plusieurs paquets de fil, qui rappellent l'une des principales industries de Lille. Dans le fond, une église avec une cloche et un paysage : au bas, les noms de quelques vieilles familles lilloises, Jean-Baptiste-Joseph Villette, Pierre-François Bernard et Nicolas-Joseph Stievens.

Enseignes en fer et en cuivre.

Les enseignes en fer étaient très recherchées parce qu'elles résistaient mieux aux intempéries des saisons. D'un autre côté, les forgerons se plaisaient à faire des enseignes qui étaient de véritables chefs-d'œuvre. L'une de ces dernières se voyait à Lille, place du Théâtre, chez un négociant en couleurs, maison de détail de M. Decoster. Elle représente un satyre dont les bras tiennent deux serpents qui l'enlacent de leurs nombreux anneaux sur lesquels sont perchés des oiseaux ; le personnage s'appuie sur un pinceau, et des boules pleines de couleurs sont pendues en enroulements. Cette sculpture en fer à claire-voie est d'un très beau dessin. Le *Soulier d'or*, la *Botte d'or* et le *Réseau d'or* sont loin d'avoir le même mérite artistique. La *Morue de Hollande*, qui offre deux demi-cabillauds se touchant le bec; le *Luthier*, assis sur une chaise et soutenant de la main un violoncelle; la *Boule de Gaïac*, enseigne d'un tourneur, et un plat à barbe en cuivre sur lequel se lit un pointillé : *Au Barbier de Lille*, avec une fleur de lis au repoussé, présentent leur intérêt.

Statuettes et bustes en terre cuite.

Un costumier qui a demeuré rue des Suaires et plus tard rue de la Barre, avait pour enseigne deux statuettes en terre cuite. L'une représentait un *Arlequin*, le visage à moitié couvert d'un masque, son chapeau sous le bras gauche, chantant et dansant, le bras levé.

L'autre figurait une *femme déguisée* en Espagnole qui lève en souriant le voile dont sa tête est couverte. Ces statuettes ont du mouvement. Le *Garde national*, debout, l'arme au bras [1], et le *Lancier* tenant son arme, qui se sont remplacés l'un l'autre en 1830, sont deux bons travaux qui donnent une idée des costumes militaires à Lille à la fin de la Restauration et au commencement du gouvernement de Juillet. Le *Tisserand*, qui servit longtemps d'enseigne à la maison Warin, fabricant d'étoffes, rue Saint-Nicolas, est bien, avec sa veste, son grand tablier de toile, son bonnet de coton et le rouleau de toile qu'il porte sur l'épaule, l'ouvrier de Lille d'il y a soixante ans. C'est une statuette qui est faite avec talent.

Un buste qui servait d'enseigne à un *boucher-tripier* est remarquable par son réalisme; son physique est celui de l'emploi; il fume le brûle-gueule: il porte une sorte de bonnet phrygien avec la cocarde tricolore; son cou est entouré d'un collier de saucissons.

Une *Sainte Barbe*, portant la palme, l'épée et la tour, qui sont ses attributs, manque de caractère. Elle décorait la salle d'une confrérie qui avait son siège sur la paroisse Saint-Sauveur.

Enseignes peintes sur toile.

M. Minet, marchand d'antiquités, qui a habité successivement rue Basse et rue de Paris, avait pour enseigne un tableau sur toile représentant un héraut d'armes portant les armes de Flandre, se tenant debout nu-tête. C'était un travail d'un bon dessin et d'une bonne exécution, sur lequel il était écrit : *Au Moyen Age*.

Nous en dirons autant de la toile qui servait au magasin d'étoffes de la maison formant le coin de la rue des Manneliers et de la rue de Paris. Elle représentait un paysan vêtu d'une blouse bleue et portant un chapeau haut de forme, tenant dans les mains une grande feuille de papier sur laquelle on lit : *Au Franc Picard*.

Dans la salle d'une Société bachique se trouvait un tableau sur toile, révélant le dix-huitième siècle, qui représentait un individu vêtu d'une blouse bleue et d'un bonnet blanc, avec une serviette au cou, qui est dansant sur une table. Sur la table se trouvent un pot à bière, des verres et une pipe; le bonhomme tient

---

[1] Voir, ci-après, la planche.

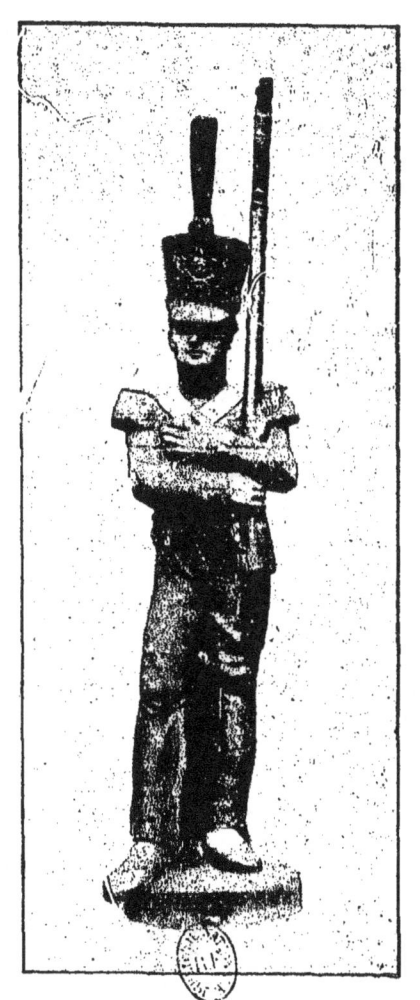

AU GARDE NATIONAL
ENSEIGNE D'UN DÉBITANT DE TABAC

Terre cuite

lui-même un verre rempli. A la hauteur de la bouche, on lit : « Ri, di, di, di, di, di, Dio non. » Au bas, dans un cartouche, les mots : *Société des Sans-Chagrins*. La peinture est assez bonne.

L'état des cabarets de Lille, rédigé en 1773, mentionne celui qui avait pour enseigne, au coin de la rue de la Baignerie et de la Halloterie, le *Roi de Prusse*. Louis Wateau, de Lille, fit pour ce cabaret l'enseigne que nous possédons et qui représente le roi de Prusse, Frédéric-Guillaume II, en costume de général, la main sur la garde de son épée, avec une canne à la main, et un camp dans le fond du tableau. Ce cabaret était renommé pour sa bonne bière. Des rixes entre militaires et bourgeois y ayant éclaté en 1856, il fut consigné pour la garnison.

Enseignes en pierre.

Une pierre ronde sur laquelle on lit : *A l'Académie royale*. 1763, et un fragment de grès qui porte en relief : *Aux Bons Enfans*, semblent révéler avoir été des enseignes.

Enseigne en velours.

Voici un genre d'enseigne qui n'est pas banal; c'est celle d'un fabricant de drapeaux. Enseigne faite en velours de soie rouge orné de fines broderies en or fin. Elle était mise chaque matin à la porte du magasin de M. Abraham Caron, retirée le soir et en temps de pluie.

Enseigne porte-montre.

Le père Lacoste, crieur de la ville et des carrefours, pêcheur et marchand de poissons d'eau douce au Marché aux poissons, près le trou aux anguilles, avait pour enseigne, à la fenêtre de sa boutique, qui était ouverte aux heures de vente, un porte-montre représentant un coin de la digue, disparue pour l'agrandissement de la ville.

L'artiste nous montre le père Lacoste appuyé sur un petit pont de la digue, indiquant une corbeille pleine de poissons, fruit de la pêche faite dans les eaux dont il était le locataire.

Le père Lacoste et son enseigne minuscule étaient connus des vieux Lillois.

Ce groupe, sculpté en bois, peint blanc et or, est exécuté avec soin. C'est un souvenir lillois qui rappelle un homme populaire, la digue et le marché aux poissons, tous disparus.

Voilà, avec pièces à l'appui, les renseignements que nous avons pu recueillir sur les enseignes de Lille. Autrefois, ces enseignes avaient leur utilité : elles servaient de points de repère, et l'on disait d'un particulier qu'il demeurait à la maison qui avait pour enseigne le *Mouton bleu*, le *Cheval blanc*. A une époque où l'art de la réclame existait à peine, on établissait des enseignes qui avaient un caractère spécial dans lequel se révélait la vieille gaieté lilloise ; aujourd'hui, les enseignes n'ont plus qu'un intérêt historique, mais cet intérêt existe réellement. Nous avons fait opérer la reproduction photographique de toutes les enseignes que nous avons pu sauver de la destruction et classer dans notre collection. Nous avons souvent été témoin de l'effet que cet ensemble produit sur les archéologues. C'est une section d'un musée lillois !

L'auteur de ce mémoire se propose de le publier avec de nombreuses notes justificatives complémentaires et de l'illustrer de plus de soixante phototypies.

www.ingramcontent.com/pod-product-compliance
Lightning Source LLC
Chambersburg PA
CBHW030106230526
45471CB00003B/1283